NATIONAL
GEOGRAPHIC

School Publishing

El espacio

Juan Rueda

PICTURE CREDITS

Illustration by David Legge (14–15).
Cover (all), 11 (above left), 12–13, 16 (above right), NASA; 1, 7 (above left & right), 8, 9 (left), 10 (all), 16 (below left), Photolibrary.com; 2, 5, 6, 9 (right), 16 (above left, above center), APL/Corbis; 4, 7 (below left), 11 (right), 16 (below right), Getty Images.

Produced through the worldwide resources of the National Geographic Society, John M. Fahey, Jr., President and Chief Executive Officer; Gilbert M. Grosvenor, Chairman of the Board.

PREPARED BY NATIONAL GEOGRAPHIC SCHOOL PUBLISHING

Ericka Markman, Senior Vice President and President Children's Books and Education Publishing Group; Steve Mico, Senior Vice President and Publisher; Marianne Hiland, Editorial Director; Lynnette Brent, Executive Editor; Michael Murphy and Barbara Wood, Senior Editors; Bea Jackson, Design Director; David Dumo, Art Director; Margaret Sidlowsky, Illustrations Director; Matt Wascavage, Manager of Publishing Services; Sean Philpotts, Production Manager.

SPANISH LANGUAGE VERSION PREPARED BY
NATIONAL GEOGRAPHIC SCHOOL PUBLISHING GROUP

Sheron Long, CEO; Sam Gesumaria, President; Fran Downey, Vice President and Publisher; Margaret Sidlosky, Director of Design and Illustrations; Paul Osborn, Senior Editor; Sean Philpotts, Project Manager; Lisa Pergolizzi, Production Manager.

MANUFACTURING AND QUALITY MANAGEMENT

Christopher A. Liedel, Chief Financial Officer; George Bounelis, Vice President; Clifton M. Brown III, Director.

BOOK DEVELOPMENT

Ibis for Kids Australia Pty Limited.

SPANISH LANGUAGE TRANSLATION

Tatiana Acosta/Guillermo Gutiérrez

SPANISH LANGUAGE BOOK DEVELOPMENT

Navta Associates, Inc.

Published by the National Geographic Society
Washington, D.C. 20036-4688

ISBN: 978-0-7362-3847-2

Printed in Mexico
Print Number: 04   Print Year: 2023

Contenido

4

Luna

estrellas

El planeta Tierra

Vivimos en un **planeta** llamado Tierra. La Tierra tiene luz, agua y aire.

Así se ve la Tierra desde el espacio.

Necesitamos luz, agua y aire para vivir.

agua

luz

aire

Sentimos cómo se mueve el aire cuando sopla el viento.

☾ La Luna

Muchas noches, podemos ver la **Luna** en el cielo.

La Luna orbita, o se mueve, alrededor de la Tierra.

En la Luna no hay vida.
No hay aire.
No hay agua.

9

☆ Las estrellas

Muchas noches, podemos ver **estrellas** en el cielo.

Una estrella es una enorme bola de gas que se quema.

Desde la Tierra, las estrellas parecen pequeñas. Eso es porque están muy lejos.

☼ El Sol

El **Sol** es una estrella.
Es la estrella más cercana a la Tierra.

El Sol es muy caliente.

El calor y la luz de la Tierra proceden del Sol.

Nuestro Sistema Solar

La Tierra orbita alrededor del Sol. También lo hacen otros planetas. Todos ellos son parte de nuestro **Sistema Solar.**

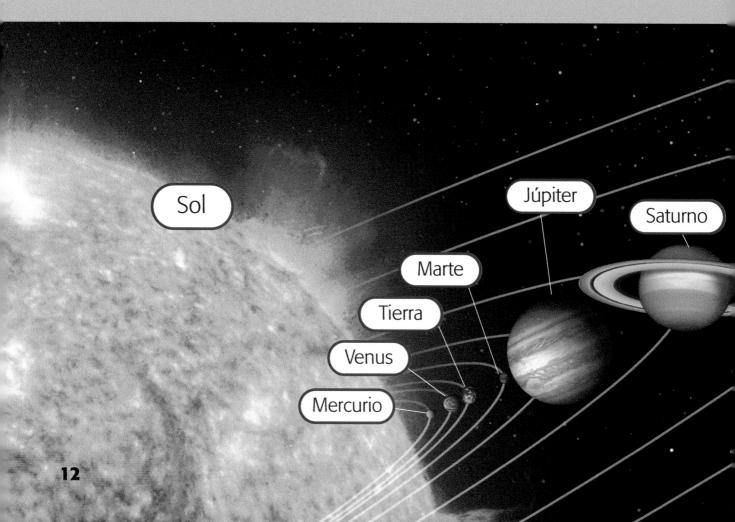

Sol

Júpiter

Saturno

Marte

Tierra

Venus

Mercurio

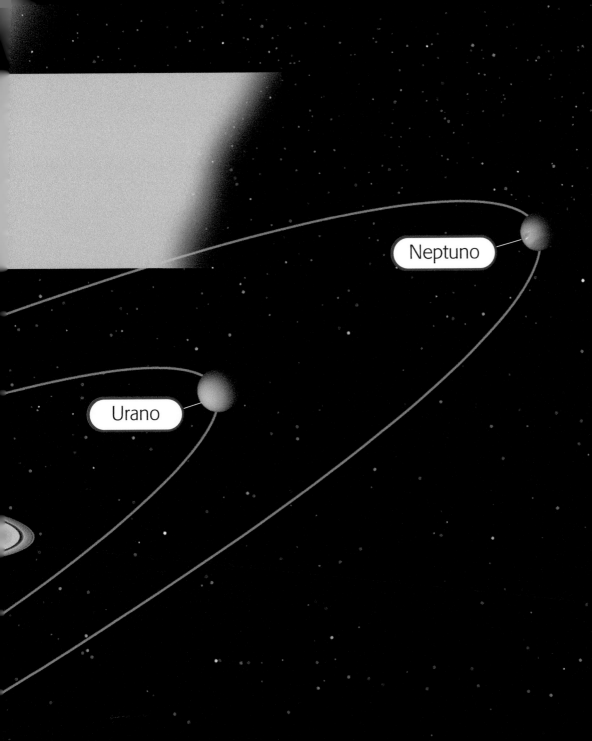

Neptuno

Urano

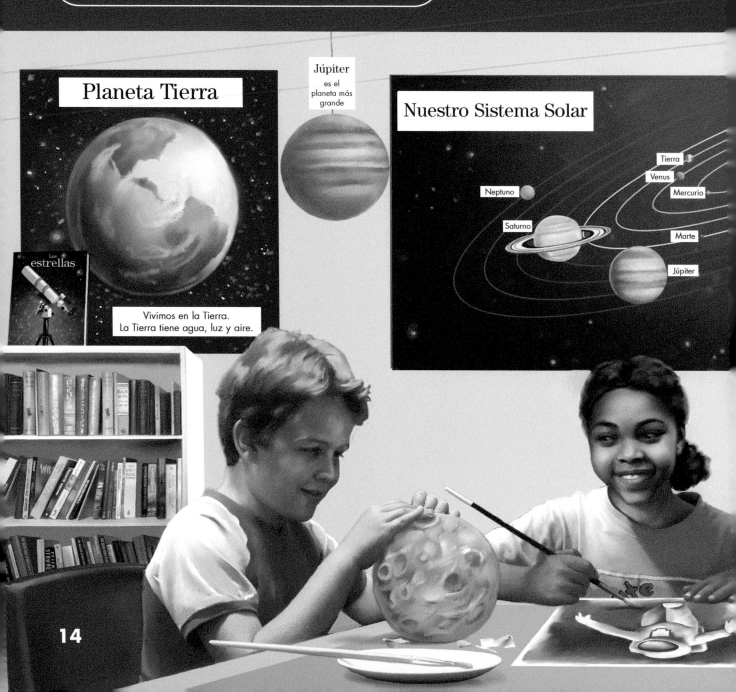

Planeta Tierra

Júpiter es el planeta más grande

Nuestro Sistema Solar

Tierra
Venus
Mercurio
Neptuno
Saturno
Marte
Júpiter

Las estrellas

Vivimos en la Tierra.
La Tierra tiene agua, luz y aire.

14

Estos niños están estudiando el espacio. Hablen sobre sus proyectos y cartelones.

El día y la noche

El Sol

Urano

cielo

día

estrellas

Luna

noche

planeta

Sol

Tierra

Glosario ilustrado

estrellas

Luna

planeta

Tierra

Sol